L'OGRELET

DU MÊME AUTEUR

AUX ÉDITIONS THÉÂTRALES

DANS LA COLLECTION «THÉÂTRALES JEUNESSE»

SALVADOR. La montagne, l'enfant et la mangue, 2002
(VLB ÉDITEUR, MONTRÉAL, 1996)

UNE LUNE ENTRE DEUX MAISONS, 2006
(QUÉBEC/AMÉRIQUE, MONTRÉAL, 1980)

PETIT PIERRE, 2006 (LANCTÔT ÉDITEUR, MONTRÉAL, 2002)

SOULIERS DE SABLE, 2007 (LEMÉAC, MONTRÉAL, 2002)

FRONTIÈRE NORD, IN THÉÂTRE EN COURT 2, 2007

LE BRUIT DES OS QUI CRAQUENT, 2008 (LEMÉAC, MONTRÉAL, 2009)

SE QUE JE NE FEUT PAS VAIR : LAFERSELLE. Un conte d'enfant réel, IN COURT AU THÉÂTRE 2, 2009 (VLB ÉDITEUR, MONTRÉAL, 1995)

CONTES D'ENFANTS RÉELS, 2009 (VLB ÉDITEUR, MONTRÉAL, 1995)

PETITE FILLE DANS LE NOIR, 2012

GRETEL ET HANSEL, 2014

TROIS PETITES SŒURS, 2017

DANS LA COLLECTION «RÉPERTOIRE CONTEMPORAIN»

LE GRILLON, IN 25 PETITES PIÈCES D'AUTEURS, 2007

CHAÎNE DE MONTAGE, 2014

CHEZ D'AUTRES ÉDITEURS

LA COULEUR CHANTE UN PAYS
QUÉBEC/AMÉRIQUE, MONTRÉAL, 1981

LES PETITS POUVOIRS, LEMÉAC, MONTRÉAL, 1983

LA MARELLE, LEMÉAC, MONTRÉAL, 1984

TI-JEAN VOUDRAIT BEN S'MARIER MAIS..., LEMÉAC, MONTRÉAL, 1985

COMMENT VIVRE AVEC LES HOMMES
QUAND ON EST UN GÉANT, LEMÉAC, MONTRÉAL, 1990

CONTE DU JOUR ET DE LA NUIT, LEMÉAC, MONTRÉAL, 1991

CONTES À REBOURS, LANCTÔT ÉDITEUR, MONTRÉAL, 1997

C'ERA UNA VOLTA A NOTTE, ALBIANA, OLETTA, 2006

SUR SON ŒUVRE

ITINÉRAIRE D'AUTEUR N° 6, SUZANNE LEBEAU,
LA CHARTREUSE, 2002

LE CHOIX DE SUZANNE LEBEAU. PARCOURS DANS L'ŒUVRE D'UNE DRAMATURGE JEUNESSE, ÉDITIONS THÉÂTRALES, 2013

Suzanne Lebeau

L'OGRELET

Ouvrage publié avec le concours
du Centre national du livre

éditions THEATRALES II JEUNESSE

THEATRALES II JEUNESSE

Des langages, des histoires, des délires,

cent façons de raconter le monde.

Des textes à lire, à dire, à écouter, à jouer.

UNE COLLECTION DIRIGÉE PAR FRANÇOISE DU CHAXEL ET PIERRE BANOS

Couverture : Temps d'Espace

ISBN : 978-2-84260-136-2 • ISSN : 1629-5129

À Gervais...

Pour l'audace sereine devant la forêt la plus sombre

L'OGRELET

PERSONNAGES :

L'OGRELET, un garçon de six ans, trop grand pour son âge.

LA MÈRE DE L'OGRELET, une femme dans la quarantaine.

LIEUX :

UNE MAISON, dans le bois, comme on les imagine dans les contes, fruste, inconfortable. La mère et le fils y vivent.

UNE ÉCOLE de village dont on parle souvent. Elle peut être au loin dans une forme miniaturisée. Dans cette école, des ombres ou des sons.

LE CHEMIN entre les deux, toujours le même à l'aller et au retour.

UNE CABANE de chasseurs abandonnée et la forêt comme un étau, tout autour.

L'Ogrelet *a été créée par Le Carrousel le 6 octobre 1997 à l'Espace Malraux, scène nationale de Chambéry et de la Savoie, dans une mise en scène de Gervais Gaudreault, avec Mireille Thibault (la Mère) et François Trudel (l'Ogrelet) ; scénographie : Francine Martin, lumières : Dominique Gagnon, son : Diane Lebœuf.*

SCÈNE 1.
La rentrée

C'est le jour de la rentrée. L'Ogrelet est vêtu de neuf, il porte des culottes courtes et une chemise repassée. Il est grand et ses jambes nues sont celles d'un homme.
Sa mère est en train de mettre cahiers et crayons dans un sac d'école.

MÈRE DE L'OGRELET.- Redis-moi la date de ton anniversaire, mon petit ?

L'OGRELET.- Le 3 décembre, maman.

MÈRE DE L'OGRELET.- Dis-moi maintenant : quel âge tu as eu le 3 décembre dernier ?

L'OGRELET.- Six ans, maman.

MÈRE DE L'OGRELET.- Que fais-tu si la maîtresse te dit : « Tu es trop grand pour venir à l'école » ?

L'OGRELET.- Je lui réponds : « Tous les enfants de six ans ont droit à l'école libre et gratuite. » Qu'est-ce que ça veut dire, maman, « libre et gratuite » ?

MÈRE DE L'OGRELET.- Que tous les enfants de six ans, sans exception, doivent aller à l'école... Et que l'école doit les accepter. Que dis-tu après « libre et gratuite » ?

L'OGRELET.- Si vous ne me croyez pas, écrivez un mot à maman, elle est à la maison. Nous n'avons pas le téléphone, mais elle...

MÈRE DE L'OGRELET.- ... elle vous expliquera notre situation.
Tu sauras le dire ?

L'OGRELET.- Oui, maman.

MÈRE DE L'OGRELET.- *(lui tendant son sac d'école)* Tu ne mets pas les doigts dans ton nez, tu écoutes la maîtresse, tu réponds « oui madame », « non madame » et tu regardes le tableau.

L'OGRELET.- C'est quoi un tableau ?

MÈRE DE L'OGRELET.- Tu le reconnaîtras en le voyant. Voilà ton goûter et ton déjeuner, mon Ogrelet. Demande à la maîtresse de manger seul dans la classe... les premiers jours. Dis-lui que ce serait mieux pour toi.

L'OGRELET.- Tu me l'as déjà dit, maman. Je ne pourrai pas jouer au ballon comme les enfants du livre que tu me lis le soir pour m'endormir ?

MÈRE DE L'OGRELET.- Attends de connaître les jeux et la fragilité des enfants pour jouer avec eux. Tu es tellement fort et tellement grand. Tu pourrais les blesser sans le vouloir.

L'OGRELET.- À ce soir, maman.

MÈRE DE L'OGRELET.- Ne t'attarde pas après la classe, ni dans le village, ni dans la forêt.

L'OGRELET.- Pour aller, je marche droit devant et je regarde le soleil monter dans le ciel. Pour revenir, je marche encore droit devant mais je regarde le soleil se coucher derrière la montagne.

MÈRE DE L'OGRELET.- Tu seras un bon élève, mon petit. Va vite maintenant si tu ne veux pas être en retard le jour de la rentrée.

L'Ogrelet et sa mère s'embrassent tendrement. Elle le regarde partir. L'Ogrelet revient sur ses pas.

L'OGRELET.- J'oubliais les fleurs pour la maîtresse.

MÈRE DE L'OGRELET.- Bonne journée, mon Ogrelet.

Le petit part seul sur la route, sa mère, sur le pas de la porte, agite la main.

Mon petit Ogrelet,
je l'ai nourri de lait

gavé de carottes et de navets
de bleuets sauvages
de gelée de roses.
Jamais il n'a senti l'odeur du sang frais.
Jamais il n'a tenu un os dans ses mains
pas même les petits os de poulet.
Jamais il n'a goûté à de la viande crue.
Il est prêt pour l'école
et son envie de lire est si grande.

L'OGRELET.- Je saurai lire et compter
les jours et les années.
J'irai au marché du village avec maman.
Je porterai
les paquets encombrants
parce que je suis grand
d'avoir eu six ans à la première neige.

SCÈNE 2.

Où l'Ogrelet découvre le rouge

MÈRE DE L'OGRELET.– Il est sorti du bois profond.
Déjà, il est à la clairière où coule le ruisseau.
Il goûte l'eau qui jaillit entre les roches comme un cadeau à mi-chemin.
J'entends ton rire d'enfant de six ans, petit coquin...
Tu te moques de mes conseils
parce que tu te sens grand.
Marche devant toi !
Ne tourne pas la tête
pour suivre le lièvre curieux et rapide,
n'arrête pas ta marche
pour un face-à-face avec la belette aux aguets,
le renard aux yeux perçants.
Ils croisent ton chemin pour te mettre à l'épreuve...
Sous leur épaisse fourrure, ils cachent une terrible tentation.
Regarde ce que je t'ai enseigné à voir :
les arbres qui poussent sans tuteur,
les fleurs au parfum innocent,
le soleil qui apaise le tumulte intérieur.
Au bout de la forêt,
tu vois la première maison au toit de bardeaux...

L'OGRELET.- Je la contourne, sans faire de bruit. La vieille femme qui y habite a le sommeil du matin fragile.
Je marche sur la pointe des pieds.
Après, c'est facile, tout droit jusqu'à la maison blanche aux volets rouges...

MÈRE DE L'OGRELET.- Vraiment trop rouges, les volets de l'école.

L'OGRELET.- Comme le coquelicot que maman a trouvé pour me faire connaître le rouge.

MÈRE DE L'OGRELET.- Tu ne peux pas te tromper, mon petit Ogrelet, le rouge ne ressemble à rien d'autre.

L'OGRELET.- Je connais depuis longtemps le gris des cailloux,
le brun de l'écorce,
le vert de la mousse, celui du printemps, et celui des sapins la nuit,
le jaune de l'été
et le blanc de l'écume dans le ruisseau.
Aujourd'hui, je vais connaître le rouge de l'école.

MÈRE DE L'OGRELET.- Ne te laisse pas impressionner par le rouge, mon Ogrelet.

Regarde-le une seule fois pour reconnaître l'école, frappe à la porte sans hésiter et entre sans attendre la réponse. L'école est ouverte à tous.

SCÈNE 3.

Où l'Ogrelet découvre qu'il est différent

Le soir commence à tomber. La mère de l'Ogrelet est à sa porte.

MÈRE DE L'OGRELET.- Calme-toi, mon cœur,
qui a peur de tout,
et toi, ma tête,
qui dessine les catastrophes.
Laissons la vie faire les choses.

L'OGRELET.- Maman !

MÈRE DE L'OGRELET.- Mon petit Ogrelet, j'étais inquiète. De l'école à la maison il n'y a pas plus de mille pas et le soleil a dépassé depuis longtemps la cime du grand cèdre.

L'OGRELET.- Tu vois bien que je suis là.

MÈRE DE L'OGRELET.- Raconte-moi ta première journée d'école.

L'OGRELET.- Je ne me suis pas perdu.

MÈRE DE L'OGRELET.- Dis-moi des détails qui vont remettre de l'ordre dans ma tête folle.

L'OGRELET.- Le rouge des volets de l'école brillait dans le soleil. En trois pas, j'étais à la porte et je sentais mon cœur battre très fort dans ma poitrine. Je suis entré sans hésiter et j'ai reconnu la maîtresse tout de suite.
Elle portait une robe rouge comme les volets et cela m'a rendu heureux.

MÈRE DE L'OGRELET.- Il faut regarder le visage de la maîtresse, suivre ses doigts et ne jamais s'attarder à la couleur de sa robe.

L'OGRELET.- Ses lèvres aussi étaient rouges et brillantes, et ses ongles sur ma feuille et sur le tableau étaient rouges, maman. Elle a dit : « Tu es trop grand pour avoir six ans » avec un sourire et la voix douce.

MÈRE DE L'OGRELET.- J'écrirai une lettre à la maîtresse.
Raconte-moi la suite.

L'OGRELET.- Elle a dit : « Puisque tu es tellement grand, tu vas t'asseoir au fond de la classe » et elle est allée chercher un pupitre assez grand et assez haut pour moi. « Comme ça, tu seras bien. » Les enfants de ma classe sont si petits, c'est étonnant... à peine plus hauts que la patte de la table.

MÈRE DE L'OGRELET.- Les enfants de six ans sont souvent très petits.

L'OGRELET.- Pourquoi, moi, je suis si grand, maman ?

MÈRE DE L'OGRELET.- Parce que je te nourris des légumes du jardin.
Sens le potage dans la casserole !
Je l'ai parfumé au thym et au romarin pour chasser de ta bouche la poussière du chemin.

L'OGRELET.- Le chemin de l'école est un vrai garde-manger, maman, et j'avais si faim que j'ai grignoté tout le long.

MÈRE DE L'OGRELET.- Je t'attendais, mon petit, et mon cœur battait plus fort que la cloche de l'église.
Qu'est-ce que tu as tant mangé sur le chemin du retour ?

L'OGRELET.- Des feuilles de thé des bois que j'ai sucées, des mûres que j'ai trouvées dans les ronces...

MÈRE DE L'OGRELET.- Dieu merci ! rien pour te couper l'appétit. Va te laver les mains pendant que j'allume la chandelle et que je mets la nappe des grands jours.

Elle lui sert une assiette immense.

L'OGRELET.- Je sens les carottes d'automne et le navet... Le brocoli, les choux de Bruxelles... Tu as cuit tout le jardin ! Mais, tu sais, maman, j'aimerais aussi des mets qui ne font pas grandir autant.

MÈRE DE L'OGRELET.- Mettons-nous à table sans attendre, tu dois avoir l'estomac dans les talons après toutes ces émotions.

L'OGRELET.- Ne t'inquiète pas pour moi. Mes grandes jambes me portent toutes seules.

MÈRE DE L'OGRELET.- Raconte-moi ce qui s'est passé après l'histoire du pupitre.

L'OGRELET.- La maîtresse a dit, de sa voix douce encore : « Qu'est-ce que je vais faire avec toi, tu es tellement différent des autres enfants ? »

MÈRE DE L'OGRELET.- Différent ?

L'OGRELET.- Mes mains sont plus larges que la page du cahier neuf que tu as mis dans mon sac.

MÈRE DE L'OGRELET.- Tu leur as dit qu'il faut des mains larges et fortes pour couper le bois ?

L'OGRELET.- Pas vraiment...

MÈRE DE L'OGRELET.- Ne t'inquiète pas, j'écrirai une lettre à ta maîtresse.

L'OGRELET.- « Tu es grand comme mon père » ont dit les enfants et ils sont partis jouer dans la cour. Je suis resté seul à mon pupitre pendant toute la récréation.

MÈRE DE L'OGRELET.- Petit ou grand, la maîtresse sera contente si tu aimes les mots et les chiffres.

L'OGRELET.- C'est ce qu'elle a dit pour me consoler. Je peux faire mon devoir tout de suite ?

Pendant que la mère enlève les assiettes, l'Ogrelet sort de son sac d'école cahiers, crayons et gomme à effacer.

Je dois écrire mon nom dix fois sur la première page et sur les lignes.

Elle nettoie la table, regardant son petit de temps à autre. Le crayon en l'air, l'Ogrelet a le regard rêveur.

MÈRE DE L'OGRELET.- Tu n'écris pas mon Ogrelet ?

L'OGRELET.- Je n'avais pas mon nom dans le cahier de la maîtresse, comme les autres, et je dois choisir quel nom écrire.

Lequel de mes noms me va le mieux, maman ?
Nogrelet,
Togrelet,
Logrelet...

MÈRE DE L'OGRELET.- Mon Ogrelet,
mon petit Ogrelet
et l'Ogrelet sont des mots doux entre toi et moi.
Jamais tu ne dois les prononcer à l'école et encore moins les écrire.

L'OGRELET.- Je peux écrire « Simon » ?

MÈRE DE L'OGRELET.- Simon ?

L'OGRELET.- C'est un nom que tu dis parfois dans ton sommeil.

MÈRE DE L'OGRELET.- Simon est un joli prénom.

L'OGRELET.- J'écrirai Simon, c'est court et ça sonne bien. La maîtresse a dit que tu dois le faire une fois.

La mère de l'Ogrelet écrit.

MÈRE DE L'OGRELET.- S-I-M-O-N. Simon te va comme un gant. C'est doux comme de la soie... *(pour elle-même)* ... chargé de souvenirs. Je ne sais pas si j'aurai du plaisir à le dire tous les jours...

Elle s'assoit à côté de son fils et écrit une lettre pour la maîtresse.

« Le 6 septembre
Mademoiselle,
Mon fils semble heureux de sa première journée d'école et du pupitre à sa taille. Je suis certaine que Simon vous donnera satisfaction car il aime apprendre. Ne le disputez pas pour sa taille surprenante, il la tient de son père qui était un homme très robuste.
En terminant, j'oserai vous demander, comme une faveur, de garder pour les fins de semaine votre robe rouge qui semble si jolie. Je me méfie tant des effets de cette couleur sur l'esprit fantasque de mon fils que je n'ai gardé autour de la maison que des arbres qui ne rougissent pas à l'automne.
Votre toute dévouée, Anne Chaffaut. »

(pour elle-même) J'ai banni du jardin les fraises, les framboises, les tomates qui poussent toutes seules et même les melons d'eau qui cachent leur couleur éclatante sous une épaisse peau de printemps.

SCÈNE 4.

Où l'Ogrelet découvre l'odeur du sang

La mère et le fils sont dans la cuisine. L'Ogrelet ramasse ses cahiers et ses livres qu'il feuillette. Sa mère est à la fenêtre qu'elle entrouvre. Elle écoute les coups de feu et respire avec inquiétude l'air du dehors.

L'OGRELET.- Toutes les pages de mon cahier ont des anges[1], maman, et la maîtresse dit que je suis un bon élève.

MÈRE DE L'OGRELET.- Je déteste les chasseurs qui ne respectent ni le jour ni la nuit.

L'OGRELET.- Tu as mal dormi, maman ?

MÈRE DE L'OGRELET.- Les coups de feu m'ont tenue éveillée. Dans le noir, les heures passent lentement et les ombres se transforment en cauchemar... *(pour elle-même)* Et cette odeur de sang ! Jusque dans la chambre, la fenêtre fermée, je pouvais sentir la blessure du loup qui dessine des chemins dans la forêt.

1. Au Québec, les enseignants récompensent les bons élèves en décorant leurs devoirs d'autocollants en forme d'anges, d'étoiles ou de personnages plus contemporains.

L'OGRELET.- La maîtresse dit que les loups affamés empêchent les enfants de venir à l'école et que les chasseurs sont utiles.

MÈRE DE L'OGRELET.- Ici les loups ont suffisamment à manger et les chasseurs chassent pour leur plaisir.

L'OGRELET.- Hier, il manquait Georges et Joseph, et même Marie, qui habitent de l'autre côté de la forêt. Paméla, elle, vient tous les jours malgré le loup. Qu'est-ce qu'un loup, maman ?

MÈRE DE L'OGRELET.- Un carnivore, mon petit, un mangeur de viande crue. Ses crocs ne laissent pas de quartier et ses yeux jaunes voient dans la nuit. Il court plus vite qu'un garçon de six ans, même grand comme toi. Ne te mets pas sur sa route !

L'OGRELET.- Je n'ai pas peur des loups.

MÈRE DE L'OGRELET.- J'ai peur des chasseurs et des loups. Vivement l'hiver qui rendra à la forêt son silence et son odeur de feuilles mortes et d'arbres gelés.

L'OGRELET.- J'aime l'odeur de l'automne et des chasseurs, maman, et ne t'inquiète pas pour moi, je suis trop grand pour avoir peur. Regarde mes mains, elles sont capables de tordre le cou d'un loup.

MÈRE DE L'OGRELET.– J'aimerais que tu restes à la maison aujourd'hui.

L'OGRELET.– Oh non ! maman. J'ai promis à Paméla de lui faire goûter une pomme verte. Elle dit que les pommes vertes donnent mal à l'estomac et qu'il faut attendre qu'elles soient rouges pour les manger.
Ah ! Maman... une lettre de la maîtresse que j'avais oubliée dans mon sac.

MÈRE DE L'OGRELET.– Tu m'as caché une lettre de la maîtresse !

L'OGRELET.– Je l'ai oubliée, maman. À ce soir. Je ne m'attarderai pas.

MÈRE DE L'OGRELET.– Simon ! ne pars pas tout de suite.

L'OGRELET.– Je vais être en retard.

MÈRE DE L'OGRELET.– Attends une minute, je dois lire cette lettre. Il y a peut-être une chose importante que je dois te donner... pour la journée.

L'OGRELET.– C'est une lettre de l'autre jour, peut-être de l'autre semaine et la maîtresse n'en a pas reparlé. Je te promets de revenir tout de suite après l'école.

MÈRE DE L'OGRELET.- La forêt n'est pas sûre et j'aime mieux te garder avec moi.

L'OGRELET.- À ce soir, maman.

La mère de l'Ogrelet court derrière lui, l'attrape par le bras pour le retenir.

MÈRE DE L'OGRELET.- J'aimerais mieux que tu restes avec moi.

L'OGRELET.- Ne t'inquiète donc pas, maman.

MÈRE DE L'OGRELET.- Tu ne sors pas aujourd'hui, Simon !

La mère lui barre le passage.

L'OGRELET.- Tu n'as pas le droit de m'empêcher d'aller à l'école...
Même si tu voulais, tu ne le pourrais pas, je suis trop fort maintenant.
J'aime l'odeur de la forêt...
Toute la nuit, elle m'a agacé, jusque dans les plis de mon oreiller...

L'Ogrelet bouscule sa mère et se sauve dans la forêt.

MÈRE DE L'OGRELET.- Simon, reviens ! Simon ! Je ne veux pas que tu sortes...

Simon est déjà loin et ne l'entend pas. La mère de l'Ogrelet reste seule, la lettre à la main.

Ce n'est pas l'odeur de la forêt qui t'appelle, c'est l'odeur du loup blessé.

Elle ouvre la lettre.

(lisant) « Le 10 octobre
Chère madame,
J'aime bien Simon. Il est doué pour apprendre et appliqué dans tout ce qu'il fait. Mais... il s'est passé aujourd'hui un fait bizarre dont j'aimerais vous parler. Les enfants travaillaient en silence quand le petit Thomas s'est mis à saigner du nez. La chose est banale dans une classe.
C'est l'attitude de Simon qui m'a surprise. Il s'est levé, comme hypnotisé, le regard fixe. Il s'est mis à quatre pattes et il a suivi les traces de sang du pupitre de Thomas aux toilettes avec un sourire étrange. J'ai eu peur et j'ai envoyé les enfants en récréation même s'il n'était pas neuf heures du matin. J'ai lavé le sang à grande eau et quand Simon est rentré, il avait retrouvé son regard tendre et son sourire d'enfant.
J'aimerais vous rencontrer avant la réunion de parents. Vous pourrez sûrement m'aider à comprendre ce comportement.
Bien amicalement, la maîtresse de Simon. »

La mère de l'Ogrelet répond immédiatement.

« Mademoiselle,
Comment dire avec des mots le passé que je hais et l'avenir que je crains ?
Je cherche par où commencer et je ne trouve qu'une histoire d'amour. *(le souvenir l'envahit)*
La lune était pleine, le fond de l'air était doux et la bière coulait de larges tonneaux.
La foule était joyeuse, animée mais je ne voyais qu'un homme, blond comme mon petit et droit comme un chêne.
D'un seul bras il faisait tourner les tonneaux de bière qu'il me versait dans la gorge en riant. Il s'appelait Simon.
J'avais une robe pour danser et il m'a fait tourner jusqu'au matin sans se fatiguer. Quand le jour s'est levé j'étais amoureuse déjà et perdue sans le savoir.
J'avais vingt ans et je rêvais de cet amour absolu qui fait oublier père et mère. Je l'ai suivi au bout du monde, dans ce village où vous enseignez... »

Un bruit de branches qui craquent, la mère de l'Ogrelet s'arrête pour écouter.

Simon... Simon, mon petit, c'est toi ?

Silence.

Simon, réponds-moi ! Je suis certaine que c'est toi.

Elle ouvre la fenêtre et découvre Simon assis juste dessous. Il pleure, la tête enfouie dans son sac.

Mon tout petit...

L'OGRELET.- Je me suis fait mal, maman...

MÈRE DE L'OGRELET.- Tu t'es blessé au front et tes jambes sont écorchées.

L'OGRELET.- C'est pire encore à l'intérieur. J'ai mal au cœur, mal au ventre et envie de vomir.

MÈRE DE L'OGRELET.- Qu'est-ce qui t'est arrivé Simon?

L'OGRELET.- J'ai couru dans la forêt comme un fou. Je voulais aller à l'école...

MÈRE DE L'OGRELET.- Pourquoi es-tu revenu?

L'OGRELET.- Plus je courais, plus je m'éloignais de l'école. J'allais où mes pas me portaient et mes pas m'ont amené si loin que je ne reconnaissais plus les arbres et les sentiers.
J'entendais les coups de feu des chasseurs et je respirais à pleins poumons une étrange odeur qui me donnait des ailes au bout des bras et de la force dans les jambes. Je courais, je courais si vite que je n'ai pas vu la branche au milieu du chemin et je suis tombé.

J'ai dû m'assommer car lorsque je me suis réveillé, il y avait le silence tout autour et une odeur de roses plus forte que celle de la forêt. J'avais la tête dans un rosier en fleur...

MÈRE DE L'OGRELET.- Tu as rêvé mon petit, les rosiers ne fleurissent pas en octobre.

L'OGRELET.- Regarde sur mes jambes les éraflures des épines. L'odeur des roses m'a rappelé la gelée des jours de fête et... je suis revenu.

Sa blessure à la tête ne saigne pas.

MÈRE DE L'OGRELET.- Je vais te faire une compresse de chou et demain tu seras comme neuf.

L'OGRELET.- Est-ce que je pourrai aller à l'école, maman, quand tu auras fini ?

MÈRE DE L'OGRELET.- Calme-toi, Simon ! Aujourd'hui tu vas rester au lit et te refaire des forces. J'irai à l'école dire à ta maîtresse que tu es malade. Viens, que je t'installe sous tes couvertures.

L'OGRELET.- Demande à la maîtresse de te donner le travail de la journée, je le ferai à mon réveil.

MÈRE DE L'OGRELET.- *(pour elle-même)* Il faudra que je trouve ce rosier qui a ramené mon petit à la raison et à la maison.

SCÈNE 5.
Où l'Ogrelet découvre le goût du sang

C'est la nuit. Simon se lève et rôde dans la cuisine. Il tourne en rond, ému et agité.

L'OGRELET.- J'ai cru qu'elle ne s'endormirait jamais... Elle me surveille du matin au soir et du soir au matin !

Il ouvre sans bruit les armoires, prend une carotte, la goûte, la recrache avec dégoût. Il fouille, goûte à tout ce qu'il trouve et jette par terre brocoli, pomme, céleri, herbes, etc.
Il tourne en rond, boit un verre de lait, piétine du pain avec rage et ouvre la fenêtre qui laisse entrer la lumière de la pleine lune. Il saute par la fenêtre et s'enfuit dans la nuit avec la précipitation et la rage d'une bête affamée.
La mère de l'Ogrelet se réveille.

MÈRE DE L'OGRELET.- C'est toi qui fais ce bruit, Simon ?

Elle aperçoit la fenêtre ouverte.

Simon ! Reviens, avant qu'il ne soit trop tard. Simon, la forêt, la nuit, n'est pas bonne pour les ogrelets.

Simon !

Elle revient à la maison et aperçoit le désordre dans la cuisine. Elle se couvre les épaules d'un châle et entreprend de mettre de l'ordre dans la cuisine quand elle voit le sac de Simon. Elle y fouille avec fébrilité et découvre une lettre froissée qui doit traîner dans le sac depuis quelques jours. Elle la serre sur son cœur.

(lisant) « Le 28 octobre »,
(commentant) Plus de deux semaines depuis que la maîtresse m'a écrit cette lettre !

Elle allume une chandelle et lit.

« Madame,
Simon travaille toujours avec une belle application mais son comportement est de plus en plus étrange.
Je vous raconte ce qui est arrivé aujourd'hui. Les enfants jouaient dans la cour et j'étais dans la classe à corriger quand j'ai entendu des cris aigus. J'ai couru comme une folle, imaginant le pire.
Des enfants grimpaient dans les arbres, ce qui est défendu. Au pied d'un grand pin, la petite Paméla, dont Simon a dû vous parler, était par terre, une blessure à la main qui saignait abondamment.

Simon léchait le sang. Il avait le regard d'un adulte fou dans son visage d'enfant sage. Je me suis approchée, mais il m'a repoussée brutalement et chaque fois que je faisais un pas, il se mettait à rugir. J'emploie ce mot en sachant qu'il vous fera du chagrin, mais aucun autre ne peut décrire ce que j'ai entendu.
Quand plus une goutte de sang n'a coulé de la main de Paméla, Simon est retourné jouer comme si rien ne s'était passé.
J'ai conduit Simon au bureau de la directrice où il s'est remis à ses devoirs le plus normalement du monde. Je crois tout de même qu'il faudrait envisager de retirer Simon de l'école quelques jours, car je crains pour la sécurité des petits. »

Elle fouille le sac à fond avec la crainte de découvrir une autre lettre. Simon entre.

L'OGRELET.– Maman, tu ne dors pas ?

MÈRE DE L'OGRELET.– D'où viens-tu, Simon ?

L'OGRELET.– J'avais trop chaud dans mon lit et la lune brillait si fort.

MÈRE DE L'OGRELET.– Viens plus près de moi, mon petit.

Elle élève la chandelle et regarde le visage de Simon attentivement. D'une main tremblante, elle cueille une goutte de sang au coin des lèvres.

Ce que tu vois sur mon doigt, c'est du sang que j'ai pris au coin de ta bouche. Ne me dis pas que tu es sorti admirer le clair de lune.

L'OGRELET.- Je ne me rappelle plus.

MÈRE DE L'OGRELET.- Regarde le désordre dans la cuisine et ce que tu as fait des repas pour demain.

L'OGRELET.- J'avais faim, maman.

MÈRE DE L'OGRELET.- Regarde ton pyjama taché et fais un effort pour te souvenir. Je t'en prie, mon petit.

L'OGRELET.- Un lièvre est passé entre mes jambes.

MÈRE DE L'OGRELET.- Dis-moi ce que tu as fait, Simon !

L'OGRELET.- Je ne me rappelle plus que l'odeur salée.

MÈRE DE L'OGRELET.- Je t'en prie, essaie de te rappeler.

L'OGRELET.- Je ne me rappelle plus que la faim qui me tordait le ventre.

MÈRE DE L'OGRELET.– Fais un effort, Simon.

L'OGRELET.– Je ne me rappelle plus que le goût divin dans la bouche qui n'est pas celui des carottes fades et du navet insipide...

MÈRE DE L'OGRELET.– Tu lui as tordu le cou, à ce lièvre qui ne t'avait rien fait, et tu l'as mangé cru et tiède. C'est son sang sur ta bouche et sur toi. Va te laver, mon petit, et quand tu seras propre je te raconterai une histoire que tu dois connaître.

SCÈNE 6.

Où l'Ogrelet apprend qui est son père et le sang qui coule dans ses veines moitié-moitié

MÈRE DE L'OGRELET.- Tu as appris le mot *père* à l'école ?

L'OGRELET.- Oui, je connais le mot *père*. Les enfants de ma classe doivent avoir un père parce qu'ils ont l'air de bien connaître ce mot.

MÈRE DE L'OGRELET.- Toi aussi tu as un père, Simon.

L'OGRELET.- Dis-moi vite où il est, maman.

MÈRE DE L'OGRELET.- Je ne sais pas où est ton père, Simon. Il est parti une nuit de pleine lune.

L'OGRELET.- Il est parti à cause de moi ?

MÈRE DE L'OGRELET.- Pas à cause de toi, Simon... Pour toi... Ton père était le plus grand et le plus fort de tous les hommes du village, tendre, amoureux...
Tu lui ressembles beaucoup par la taille, la force, le blé mûr des cheveux. Tu lui ressembles aussi par le goût de viande crue qui t'a fait sortir cette nuit, à peine habillé, dans la forêt glacée.
Dans tes veines coulent mon sang et le sien. Et le sang de ton père est celui d'un ogre.

L'OGRELET.- Un ogre ?

MÈRE DE L'OGRELET.- L'ogre se nourrit de chair humaine. Il ne mange pas, il dévore, et son plat préféré...

Elle se tait, incapable d'en dire plus.

L'OGRELET.- Tu dois me le dire, maman.

MÈRE DE L'OGRELET.- La chair tendre des enfants.

L'OGRELET.- Un homme peut avoir envie de manger des enfants ?

MÈRE DE L'OGRELET.- Un ogre, oui. C'est ce qu'on dit et j'ai des raisons de le croire.
Quand j'ai rencontré ton père, je ne savais rien. Je ne voyais que le bleu de ses yeux, sa main rassurante qui prenait la mienne pour traverser la rivière et les roses qu'il m'offrait au milieu de l'hiver, ce que personne d'autre ne savait faire. Nous avons eu une petite fille que nous aimions à la folie.

L'OGRELET.- J'ai une petite sœur !

MÈRE DE L'OGRELET.- Tu *aurais* une grande sœur de quinze ans, si...

L'OGRELET.- Si quoi ?

MÈRE DE L'OGRELET.- Si Alexandrine, c'était son nom, n'avait pas disparu mystérieusement à l'âge de deux ans...
C'est ce que ton père m'a raconté et je l'ai cru.
J'étais désespérée mais juste sur le point d'accoucher et j'ai mis toute mon âme à bien préparer une deuxième petite fille que nous avons appelée Béatrice.

L'OGRELET.- Béatrice...

MÈRE DE L'OGRELET.- Elle est tombée dans un ravin à l'âge de deux ans.

L'OGRELET.- C'est ce que mon père a raconté ?

MÈRE DE L'OGRELET.- On n'a pas retrouvé son corps malgré toutes les recherches. Je me suis mise à douter de tout et j'ai surveillé ma petite Céleste sans répit. Pourtant je n'ai pas su empêcher le malheur de nous frapper encore.
J'ai eu trois autres petites filles :
Dorothée, blonde comme les blés...

L'OGRELET.- Arrête, maman !

MÈRE DE L'OGRELET.- Élise, si douce dans sa robe grise.
Fabienne...

L'OGRELET.- Toutes mes sœurs...

MÈRE DE L'OGRELET.- J'ai surveillé, épié, protégé sans jamais pouvoir empêcher qu'elles disparaissent l'une après l'autre à l'âge le plus tendre...

L'OGRELET.- C'est mon père qui les a mangées ?

MÈRE DE L'OGRELET.- J'étais enceinte de toi, de sept mois déjà. Ton père était étrangement heureux...
Il attendait ta naissance avec impatience et moi avec inquiétude.
J'ai juré de suivre chacun de tes pas jusqu'à l'âge adulte...

L'OGRELET.- Qu'est-ce qui est arrivé maman ?

MÈRE DE L'OGRELET.- Je me suis réveillée une nuit, à côté de moi, le lit était froid. J'étais seule avec toi qui bougeais dans mon ventre et, sur la table, j'ai trouvé cette lettre que tu peux lire maintenant.

Elle sort une lettre de son corsage et la tend à l'Ogrelet.

OGRELET.- *(lisant)* « Ma chère Anne,
Il n'est pas dans la nature que les enfants meurent avant leurs parents...

L'Ogrelet se tait, incapable de lire davantage. Sa mère reprend la lettre.

MÈRE DE L'OGRELET.- ... et tu as perdu six filles sans savoir ni comment, ni pourquoi. Si cela peut adoucir ton chagrin, je te jure que je ne sais pas comment nos petites ont disparu. »

L'OGRELET.- Tu vois bien, maman, que ce n'est pas lui...

MÈRE DE L'OGRELET.- *(lisant)* « Ces disparitions de nos petites m'ont rappelé l'histoire que mon père me contait pour m'endormir. Longtemps j'ai cru que c'était une légende, je crois maintenant qu'il me racontait sa vie et me préparait pour l'avenir.
Il décrivait l'ogre d'un village qui avait mangé une dizaine d'enfants sans même s'en rendre compte... »

L'OGRELET.- Je suis le fils d'un ogre qui a mangé ses filles !

MÈRE DE L'OGRELET.- Tu es mon petit Ogrelet.

L'OGRELET.- Ne m'appelle plus l'Ogrelet ! Je suis Simon : Simon, dans la forêt comme à l'école. Je n'ai pas besoin de père. Je n'en ai jamais eu et je n'en veux pas.

MÈRE DE L'OGRELET.- Ton père ne mérite pas le mépris, Simon. Laisse-moi finir la lettre...
« ... qui avait mangé une dizaine d'enfants sans même s'en rendre compte avant de trouver un remède... »

L'OGRELET.- Un remède ?

MÈRE DE L'OGRELET.- Il ne s'agit pas d'une potion qu'il suffit d'avaler, Simon. L'ogre doit réussir trois terribles épreuves et ton père est parti tenter ces épreuves.

L'OGRELET.- Tu vois bien qu'il va revenir, maman !

MÈRE DE L'OGRELET.- Il n'est pas revenu depuis sept ans... et les trois épreuves l'une après l'autre ne durent pas tellement plus d'un mois.

L'OGRELET.- Tu les connais, maman ?

MÈRE DE L'OGRELET.- Ton père les décrit dans sa lettre.

L'OGRELET.- Lis, maman. Lis !

MÈRE DE L'OGRELET.- « Je dois m'enfermer d'un lever de soleil à l'autre avec un coq blanc et de l'eau. Si au matin du deuxième jour, le coq chante, la première épreuve est réussie. »

L'OGRELET.– Tu crois que mon père n'a pas réussi ?

MÈRE DE L'OGRELET.– C'est peut-être la deuxième épreuve qu'il n'a pas réussie... « Je dois vivre durant sept jours dans un lieu clos avec un loup... »

L'OGRELET.– Un loup !

MÈRE DE L'OGRELET.– « ... un loup, des fruits, des légumes et quelques cruches d'eau. Si à la fin des sept jours, le loup affamé s'enfuit dans la forêt, l'épreuve est réussie. »

L'OGRELET.– C'est peut-être le loup qui a mangé mon père ?

MÈRE DE L'OGRELET.– Ou la troisième épreuve qu'il n'a pas réussie. « L'ogre doit passer la course d'une lune avec un enfant. »

L'OGRELET.– J'aurais aimé mieux que tu ne me dises rien, maman !

MÈRE DE L'OGRELET.– Si, au terme des vingt-huit jours, l'enfant chante en passant le seuil de la porte, la dernière épreuve est réussie et l'ogreté est guérie.
Allons dormir, mon petit, la nuit porte conseil. Nous verrons demain ce qu'il faut faire...

La mère plie la lettre soigneusement, y replace les pétales de rose blanche qui en étaient tombés.

Bonne nuit, Simon.

L'OGRELET.- Je veux dormir pour toujours.

MÈRE DE L'OGRELET.- Nous en reparlerons à tête reposée.

Restée seule, la mère de Simon brûle la lettre.

Je n'aurais jamais dû garder ce souvenir de toi.

Elle éteint la chandelle.

SCÈNE 7.

Où l'Ogrelet décide d'entreprendre les trois épreuves que son père n'a pas réussies

Il fait encore nuit dans la maison et Simon est en train de remplir une cruche d'eau. La mère de Simon s'approche.

MÈRE DE L'OGRELET.- Qu'est-ce que tu fais debout à cette heure de la nuit, mon petit Simon ?

L'OGRELET.- Je veux être prêt pour le lever du jour. J'ai réfléchi, maman.

MÈRE DE L'OGRELET.- Moi aussi, j'ai réfléchi, les yeux ouverts et même les yeux fermés quand le sommeil m'a terrassée.
Nous partirons pour le milieu de la forêt, là où pas un enfant, pas un homme ne s'aventure jamais. Nous construirons une maison et nous ferons un jardin.

L'OGRELET.- Il n'y aura pas d'école ?

MÈRE DE L'OGRELET.- Je t'apprendrai à lire et à écrire.

L'OGRELET.- Tu ne comprends pas maman. Je veux aller à l'école.

MÈRE DE L'OGRELET.- C'est depuis que tu vas à l'école que je vois la faim sauvage grandir dans ton regard et que la peur s'est remise à battre dans ma poitrine.

L'OGRELET.- Je veux jouer au ballon avec les autres, partager mon repas avec Paméla qui ne connaît ni les brocolis, ni les courgettes et qui m'offre des morceaux de poulet.

MÈRE DE L'OGRELET.- Chacun de ces morceaux de poulet est un poison qui entretient le goût de la viande.

L'OGRELET.- Je veux aller à l'école, maman.

MÈRE DE L'OGRELET.- Imagine que la faim de chair humaine te prenne en pleine leçon de français...

L'OGRELET.- Quand je retournerai à l'école, j'aurai réussi les trois épreuves de la lettre.

MÈRE DE L'OGRELET.- Ce n'est pas sérieux, Simon. Ton père était dans la force de l'âge, amoureux et bientôt père pour la septième fois. Pourtant il n'a pas réussi.

L'OGRELET.- Moi je vais réussir. Je sais où trouver un coq blanc et une cabane de chasseurs abandonnée.

MÈRE DE L'OGRELET.- Quand tu seras adulte, tu décideras toi-même.

L'OGRELET.- Il sera trop tard, maman. J'aurai pour toujours le goût de viande crue qui grandit avec l'âge.

MÈRE DE L'OGRELET.- J'ai juré de suivre chacun de tes pas...

L'OGRELET.- Si je ne réussis pas, nous irons en forêt... où je serai à la portée de ton regard du matin au soir. Je pars, maman, le ciel se déchire à l'est et le jour va se lever.

L'Ogrelet ouvre la porte.

MÈRE DE L'OGRELET.- Attends, Simon, que je te donne de la nourriture, une veste plus chaude... et des livres pour passer le temps...

L'OGRELET.- J'ai droit à une cruche d'eau.
À demain, maman.

MÈRE DE L'OGRELET.- Adieu, mon petit.

SCÈNE 8.

Où l'Ogrelet entreprend et réussit la première épreuve

L'Ogrelet marche dans la nuit.

L'OGRELET.– Mon père a-t-il mangé le coq, le loup ou la petite fille ? Ou les trois l'un après l'autre...

Il arrive dans une cabane abandonnée, tenant à la main une cage, et dans la cage, un coq.

L'école enseigne beaucoup plus que lire, écrire et compter. J'y ai appris à suivre le renard qui m'a amené aux poules et les poules m'ont amené au coq de Paméla.

L'Ogrelet installe le coq dans un coin et se place face à lui. Le jour se lève et le coq chante. Lumière sur la mère qui entend le chant du coq.

MÈRE DE L'OGRELET.– Simon n'est pas loin, j'entends le coq saluer le jour.

Noir sur la mère, lumière sur l'Ogrelet.

L'OGRELET.– Tu annonces fièrement le début de l'épreuve, petit coq.
Tu es brave et je t'admire car tu as beaucoup à perdre aujourd'hui

dans un face-à-face
qui n'est pas entre toi et moi, comme tu le penses,
mais entre moi et moi-même...
J'ai de l'eau,
du bois pour le feu...
(fouillant dans ses poches) et un couteau...
(inquiet) que j'aurais dû laisser à la maison.

L'Ogrelet est de plus en plus fébrile. La vue du couteau l'a troublé.

Ce couteau n'est pas innocent.
Le froid du métal se réchauffe dans ma main qui se met à trembler de désir. Maudit couteau !

Terriblement ému, il referme le couteau et le remet dans sa poche.

Que dit la maîtresse sur le désir,
elle qui en parle tous les jours
et qui connaît si bien le désir et le plaisir ?
Tout l'inspire. Même le ballon que les garçons s'arrachent à la récréation.
« Prenez le temps de désirer ce ballon.
Une journée sans ballon le rend plus précieux. »
Elle dit qu'il faut cultiver le désir avec patience,
comme une plante dans son jardin.
Qu'il faut le sentir naître,
le regarder s'épanouir...
Et qu'il en va ainsi de tous les désirs :

celui du chocolat,
d'une poupée,
d'une épée pour jouer les chevaliers
et sûrement d'un coq blanc.
Le temps du désir
fait mûrir le vrai plaisir caché au fond des choses.
La maîtresse doit connaître les ogres
et se douter de quelque chose
car elle m'a gardé après la classe et m'a dit :
« Mon petit Simon,
ne confonds pas le coup de sang des ogres
avec le désir
insaisissable comme la brume du matin,
malgré sa force de marée.
L'ogre avale brusquement
pour calmer ses humeurs.
Sa joie est trouble
et ressemble à de la colère.
La plénitude que donne ce plaisir
ne dure que quelques minutes
et laisse un goût amer.
Pour lutter contre le désir brutal,
occupe tes mains et ton esprit. »
J'ai un coq imprudent pour occuper mon esprit
et (*reprenant le couteau et dépliant la lame qu'il caresse longuement)* un couteau qui tue pour occuper mes mains.

L'Ogrelet replie la lame et se promène de long en large, serrant le couteau dans son poing.

Je ne peux pas te garder sur moi, ta présence est une brûlure sur ma cuisse. Pourquoi j'ai pris ce couteau avec moi ?

Il déplie encore une fois la lame et, obsédé, se dirige vers le coq, puis il se détourne brusquement et plante le couteau dans une bûche.

Reste prisonnier du bois !

Il prend la bûche dans les bras, il la caresse.

« Occuper les mains et l'esprit », a dit la maîtresse.

Il retire le couteau et l'enfonce dans le bois avec une grande délicatesse.

Je ferai le corps
autour du nœud qui va servir de cœur...

Il regarde le coq attentivement, sans malaise cette fois, et se met à sculpter un coq dans la bûche...

De la crête aux ergots,
je te ferai en érable,
petit coq blanc.
Je dessinerai tes plumes dans le bois dur
et je te mettrai sur mon chapeau pour m'indiquer la direction du vent

et de mes sentiments.
D'abord la crête d'un rouge si vif...

La lumière tombe lentement sur l'Ogrelet et monte sur la mère.
Elle est à la fenêtre et regarde le lever du jour.
À la première lueur, on entend le chant du coq.

MÈRE DE L'OGRELET.- Simon a réussi la première épreuve ! Dieu merci !

Elle remet de l'ordre dans sa toilette et dans la maison.

Pourquoi t'attardes-tu, Simon ?

Elle met des couverts sur la table, retourne à la fenêtre, impatiente, fait du feu, retourne à la fenêtre.

Je fais un cauchemar... C'est une odeur de sang qui m'annonce l'arrivée de Simon !

L'OGRELET.- Coucou, maman !

L'Ogrelet lui saute au cou, tenant à la main le coq plumé et prêt pour la casserole. La mère sursaute.

MÈRE DE L'OGRELET.- Simon, qu'est-ce que tu as fait ?

L'OGRELET.- Ce que tout le monde fait sans remords.

MÈRE DE L'OGRELET.- Tu as tué le coq !

L'OGRELET.- Sans lui faire de mal, maman, et
après avoir rêvé d'un coq au vin
que nous mangerons ensemble
à la table,
au bout d'une fourchette,
et avec élégance.
J'ai réussi l'épreuve puisque le coq a chanté
et j'ai pensé à toi qui t'es privée
de la chair délicieuse de la volaille
pendant des années.

MÈRE DE L'OGRELET.- C'est une ruse qui te condamne.

L'OGRELET.- Tu te trompes, maman, ce n'est pas une ruse mais la vie quotidienne. Tous les jours les coqs mangent les vers, les hommes mangent les coqs, et c'est ainsi que les enfants grandissent. Tu n'y peux rien.
Regarde les coins de ma bouche... aucune trace de sang et de gourmandise. Seulement dans mes yeux la fierté de t'apporter un festin.

MÈRE DE L'OGRELET.- Qui t'a donné le droit de tuer une bête qui ne t'appartenait pas ?

L'OGRELET.– Paméla. Son père élève des centaines de poules et de coqs qu'il vend au marché. Ne me dis pas que tu ne le sais pas. Tu as entendu le coq chanter ?

MÈRE DE L'OGRELET.– Tu as raison, le coq a chanté.

L'OGRELET.– J'ai réussi la première épreuve.

MÈRE DE L'OGRELET.– Tu fais bien de savourer ta victoire, mon petit... *(pour elle-même)* Il reste encore deux épreuves... Va dormir un peu pendant que je fais cuire la volaille.

L'OGRELET.– J'ai faim, maman, une faim de... Une faim terrible et j'ai hâte de goûter à de la viande en sauce.

MÈRE DE L'OGRELET.– Avec de la salade ?

L'OGRELET.– Et des tomates... Oublie qu'elles sont rouges, maman.

SCÈNE 9.

Où l'Ogrelet reconnaît le danger avec lequel il doit apprendre à vivre

Un hurlement dans le noir, auquel répondent, au loin, les loups de la meute.
Il fait nuit dans la cabane et on devine la silhouette de l'Ogrelet lorsqu'il remet des bûches sur le feu. Dans le coin opposé, une masse sombre, celle du loup.

L'OGRELET.- *(chuchotant)* Je comprends pourquoi cette heure rend maman si triste. L'heure du chien qui finit et celle du loup qui commence.
Malgré le calme de la forêt et la chaleur du feu, je sens mes muscles qui se tendent et mon ventre qui gronde.
Toi aussi, tu t'agites, Chien de nuit, et tes yeux qui se remettent à briller me disent que la nuit sera longue.

Le loup grogne.

Calme-toi, demain à l'heure où les coqs vont chanter, je ferai la septième coche dans le mur et tu seras libre de courir dans la forêt.

L'Ogrelet croque dans un chou.

Ventre plein ne craint rien.

Le loup hurle et la meute répond.

Tais-toi Chien de nuit ! La porte est solidement fermée et tous les loups de ta meute réunis ne pourront pas te délivrer.
Tu vas attirer les chasseurs qui sont sans pitié.
Avec moi, tu n'as rien à craindre, je n'ai pas le droit de te tuer.

Les yeux du loup se déplacent dans la nuit. L'Ogrelet le menace avec une longue branche au bout incandescent qui le tient en respect.

Reste à ta place ! Je resterai à la mienne... Je n'ai pas envie de sentir tes crocs dans ma peau et j'ai peur de la force de mes poignets qui pourrait me trahir en voulant me défendre.

Le loup grogne et s'agite. L'Ogrelet lui lance une carotte et en croque une.

Carotte au goût fade qui ne me donne aucun plaisir.

Le loup grogne.

Si tu n'as pas envie de manger, essaie de dormir... Je ne veux plus voir tes yeux jaunes qui me donnent le vertige.
Chien de nuit ! Tu mérites bien le nom que je t'ai donné !

L'Ogrelet remet une bûche dans le feu qui partage l'espace en deux territoires.

Tes yeux brillent dangereusement... mais pas plus que la flamme qui nous sépare.

Le loup s'agite autour du feu. Il cherche obstinément un chemin vers la porte. L'Ogrelet ne le quitte pas des yeux et le mouvement du bâton incandescent s'intensifie, suit les mouvements du loup et lui indique la place qu'il ne doit pas quitter.

Tes yeux me font peur, Chien de nuit... Et la peur me rend méchant dans un étrange mélange de force et de faiblesse... Faiblesse du cœur et de la tête et force démesurée des bras et des jambes.
Ferme tes yeux !

L'Ogrelet croque dans un navet.

Navet au goût insipide...

Le loup hurle et l'Ogrelet se bouche les oreilles.

Je n'ai pas besoin de fusil pour te faire taire...

Le loup hurle. D'un mouvement brusque, totalement imprévisible, l'Ogrelet saute par-dessus le feu et immobilise le loup entre ses jambes, lui tenant la gueule dans ses mains.

Je peux t'immobiliser entre mes cuisses et te casser le cou avec mes dix doigts. Je sais que je peux le faire parce que je l'ai déjà fait.
Je me rappelle maintenant, je me rappelle tous les détails.

Il est vraiment passé entre mes jambes, le lièvre de l'autre fois, et je l'ai laissé filer.
Un loup courait derrière lui, la gueule ouverte, la langue pendante et les crocs pointés.
J'étais en pyjama, sans fusil, sans couteau dans les poches, les mains nues...
(il serre le loup à la gorge) C'est avec mes dix doigts qui entraient dans la fourrure humide que j'ai fait taire le loup, avec mes dents qui ont ouvert la veine de son cou que j'ai calmé pour toujours son envie de dévorer.
Ferme les yeux, Chien de nuit!
(changeant de ton) Chien de nuit... Chien de nuit...

Le loup maintenu solidement par l'Ogrelet ne se débat plus et se laisse tomber. L'Ogrelet croit l'avoir tué.

Comment j'ai pu tuer un loup qui ne m'avait rien fait?

L'Ogrelet va à la porte et l'ouvre, laissant entrer la lumière de la lune. Le loup vient le rejoindre et se couche à ses pieds dans un geste de soumission.

Chien de nuit!

L'Ogrelet s'essuie la bouche, regarde ses mains, tâte ses vêtements.

Je n'ai pas une seule goutte de sang sur moi...
Tu vois bien, j'avais raison de croire qu'il est plus difficile de tuer quelqu'un à qui on a donné un nom.
Mais... jamais je ne pourrai nommer tous les hommes du village, toutes les bêtes de la forêt et me rappeler leurs noms. Maintenant, je dois me méfier de mes mains autant que de mon sang.
Tu peux partir, tu as fait ce que tu avais à faire.
Tant pis pour la septième coche.

Le loup s'éloigne, la queue basse.

Il restait si peu de temps à la nuit...

L'Ogrelet verse une cruche d'eau sur le feu pour l'éteindre et remet dans son sac les fruits et légumes qu'il n'a pas mangés.
Quand il se retourne, l'Ogrelet aperçoit le loup qui vient déposer à ses pieds une petite masse de chair sanguinolente.

Mange, toi, moi, j'ai le cœur à l'envers et pas envie de viande... crue. *(regardant le loup avaler le hérisson)* Un hérisson trop jeune pour reconnaître le danger et se rouler en boule...
(au loup) Le jour se lève juste un peu trop tard...
Quand nous nous reverrons dans la forêt, si mes mains s'approchent trop près de ton cou, hurle de toutes tes forces et je saurai te reconnaître.

Le loup s'éloigne dans la forêt. L'Ogrelet ramasse la boule de piquants.

Quel étrange souvenir de cette longue semaine...
Demain je partirai avec maman pour le milieu de la forêt mais j'aimerais trouver les mots pour lui expliquer que je n'ai pas tué le loup, que je ne lui ai pas fait la plus petite blessure...

SCÈNE 10.

Où l'Ogrelet prend conscience qu'il a réussi la deuxième épreuve

L'Ogrelet entre chez lui la tête basse. Il embrasse sa mère sans dire un mot.

MÈRE DE L'OGRELET.- Tu as les yeux d'un chien battu, Simon, c'est la fatigue ou la tristesse ?

L'OGRELET.- Je ne sais pas, maman. Je ne comprends pas les loups...

MÈRE DE L'OGRELET.- Ton loup était une louve. J'ai reconnu ses hurlements qui sonnaient les heures.

L'OGRELET.- Loup ou louve, c'est pareil, maman... Je n'avais qu'une envie, la faire taire.

MÈRE DE L'OGRELET.- Elle s'inquiétait pour ses louveteaux, Simon. Elle sait que ses petits ont besoin d'elle pour manger, pour mâcher la viande qu'elle leur recrache dans la gueule.

L'OGRELET.- Tu crois, maman, que j'ai bien fait de la laisser partir avant l'aube ?

MÈRE DE L'OGRELET.- Tu as bien fait. Les loups ne comptent pas le temps comme nous le faisons et je sentais son angoisse monter d'heure en heure.

L'OGRELET.- Oui... mais je n'ai pas osé faire la dernière coche dans le mur.

MÈRE DE L'OGRELET.- Tu es à la maison, sain et sauf, Simon. C'est la seule chose qui compte.

L'OGRELET.- Il y a beaucoup plus, maman : j'ai les mains propres et la louve est avec ses petits dans la forêt, tout est comme il se doit. Tu vois : j'ai réussi la deuxième épreuve.

MÈRE DE L'OGRELET.- Je suis heureuse que les sept jours soient passés.

L'OGRELET.- Moi aussi je suis heureux, je sais maintenant pourquoi ma louve m'a apporté un cadeau.
(pour lui-même) Je garde ta carapace dans ma poche, petit hérisson, et les piquants sur ma cuisse me diront ce qui est bon pour les loups et ce qui est bon pour les hommes.
Ainsi, ta mort n'aura pas été inutile.

SCÈNE 11.

Où l'Ogrelet rencontre une difficulté qu'il n'avait pas prévue

C'est la nuit, l'Ogrelet, dans le jardin, remplit des caisses de provisions. Sa mère arrive.

MÈRE DE L'OGRELET.- Ce que tu fais est inutile, Simon.

L'OGRELET.- Vingt-huit jours, c'est long maman et je mange beaucoup, tu le sais.

MÈRE DE L'OGRELET.- Nous partirons demain à l'aube et nous ne pourrons pas traîner une telle quantité de nourriture.

L'OGRELET.- Je pars seul et j'ai besoin de ces provisions.

MÈRE DE L'OGRELET.- Il n'en est pas question, Simon.

L'OGRELET.- J'ai réussi les deux premières épreuves, maman. Je réussirai la troisième.

MÈRE DE L'OGRELET.- Que tu manges un coq prétentieux et bavard,
je peux l'accepter.

Les hommes le font tous les jours et cela ne m'empêche pas de dormir.
Que tu risques la vie d'un loup,
je peux le comprendre.
Mais que tu prennes un enfant en otage
pendant vingt-huit jours de vingt-quatre heures chacun.
JAMAIS.

L'OGRELET.- Pourquoi m'as-tu laissé tenter les deux premières épreuves ?

MÈRE DE L'OGRELET.- Je croyais que tu ne réussirais pas.

L'OGRELET.- Tu m'as trompé, maman, tu m'as menti...
Tu savais dès le début que nous partirions vivre cachés et inquiets jusqu'à la fin de la vie ?

MÈRE DE L'OGRELET.- Dans le fond des bois tu oublieras...

L'OGRELET.- Je ne veux pas oublier.

MÈRE DE L'OGRELET.- Tu dois comprendre, Simon.

L'OGRELET.- Je ne veux pas comprendre. Je réussirai la troisième épreuve, même si je dois mourir de faim.

MÈRE DE L'OGRELET.- Mes petites filles sont mortes parce que je refusais de comprendre. Ne tente pas le diable, Simon.

L'OGRELET.- Je ne veux plus sentir ton regard sur ma bouche quand j'arrive et sur ma nuque quand je pars ! Je veux être libre !

L'Ogrelet se sauve.

MÈRE DE L'OGRELET.- Simon ! Reviens tout de suite ! Simon !

Au loin, la voix de Simon : « Je veux être libre ! Je veux être libre ! »

D'une pleine lune à l'autre, c'est une éternité, Simon...
La nuit vingt-huit fois, le jour vingt-huit fois.

L'OGRELET.- C'est vingt-huit petites coches dans le bois.

La mère de l'Ogrelet fait des bagages. Noir sur la mère, lumière sur Simon qui court dans la forêt.

Je veux vivre avec toutes les couleurs et pas seulement avec le vert qui tourne au blanc six mois par année. Je veux voir les érables devenir rouges à l'automne, je veux manger des fraises et des framboises, regarder les enfants sauter à la corde sans avoir le cœur qui se serre.

Vingt-huit petites coches dans le bois et la vie devant moi.

Noir.

SCÈNE 12.

Où l'Ogrelet entreprend et réussit la troisième épreuve

Les bagages sont empilés dans un coin. La mère de l'Ogrelet est en robe de chambre, les cheveux défaits. Il règne dans la maison une odeur de désastre. Le désordre, partout. La mère de l'Ogrelet, un calendrier à la main, calcule les jours et les semaines.

MÈRE DE L'OGRELET.– Trois lunes sont devenues pleines et trois lunes se sont effacées depuis que Simon est parti sans manteau d'hiver, sans vivres et sans eau... Disparu comme son père, en me laissant le cœur et la tête qui menacent d'éclater.
Une lettre, une seule lettre de la maîtresse pour m'apprendre la disparition de Paméla.
Depuis, le silence mortel alterne avec la rumeur angoissante des recherches pour retrouver Paméla.
Je ne peux plus supporter ces voix qui appellent et ces chiens qui reniflent à ma porte.
Qu'est-ce que je peux répondre à la mère de Paméla ?
Je ne sais rien et j'ai peur, moi aussi.

J'ai peur du silence, j'ai peur de la rumeur, j'ai peur des odeurs que le vent pourrait m'apporter. Simon, mon petit...

L'OGRELET.- Je suis là, maman.

MÈRE DE L'OGRELET.- Simon !

La mère de Simon se précipite sur son fils et le couvre de caresses.

L'OGRELET.- Maman, j'ai réussi la troisième épreuve.

MÈRE DE L'OGRELET.- Tu as maigri, tu es pâle. Tu as les traits tirés et tu sembles affamé.

L'OGRELET.- Maman, je n'ai pas mangé Paméla...

MÈRE DE L'OGRELET.- Tu es vivant et avec moi, Simon, le reste n'a plus d'importance... Les bagages sont prêts et il faut nous sauver au plus vite avant que les chiens ne flairent ton odeur.

L'OGRELET.- Nous pouvons rester ici, je n'ai pas mangé Paméla, maman. J'ai réussi...

MÈRE DE L'OGRELET.- Comment veux-tu que je te croie Simon ? Le village pleure Paméla, la maîtresse a été mise à la porte de l'école parce qu'elle savait et qu'elle n'a rien dit, les enfants vivent enfermés dans les maisons et toi, tu viens me dire que tu as réussi !

L'OGRELET.- Paméla est chez elle et sa mère est en train de lui servir un bouillon de poule.

MÈRE DE L'OGRELET.- Paméla est chez elle, qu'est-ce que tu racontes ?

L'OGRELET.- Elle a été reçue comme une reine, ses frères et ses sœurs ont crié de joie, sa mère a pleuré et son père a tué un cochon. Nous sommes invités à manger du boudin ce soir. Pourquoi me regardes-tu encore avec ces yeux qui posent les questions et donnent les réponses en même temps ?

MÈRE DE L'OGRELET.- Je ne comprends rien de ce que tu dis, Simon. Tu t'es sauvé il y a près de trois mois. Tu as enlevé une petite fille de ta classe. Tu m'as laissée sans nouvelles et en arrivant tu me parles de bouillon de poule et de boudin !

L'OGRELET.- J'ai réussi la troisième épreuve, maman, et tout le village le sait, maintenant. Même la maîtresse. Je l'ai croisée sur la route et elle m'a dit qu'elle n'avait jamais douté de ma réussite.

Tu as vu la pleine lune cette nuit ? Elle brillait sans nuages. Quand le soleil nous a réveillés, Paméla a couru dans la forêt et a chanté *Promenons-nous dans le bois*... comme il était écrit dans la lettre.

MÈRE DE L'OGRELET.- Mais pourquoi trois mois ? Je n'ai plus d'ongles au bout des doigts et presque plus de cheveux sur la tête.

L'OGRELET.- C'était une idée de Paméla. Regarde.

L'Ogrelet sort deux petites dents de sa poche et les montre à sa mère.

MÈRE DE L'OGRELET.- Tes dents de lait...

L'OGRELET.- On a attendu que mes dents de lait tombent, et après, on a attendu la pleine lune.

MÈRE DE L'OGRELET.- J'ai cru mourir plusieurs fois.

L'OGRELET.- C'était aussi long pour moi, maman.

MÈRE DE L'OGRELET.- Tu ne m'as pas fait un signe, pas écrit une lettre...

L'OGRELET.- J'ai une lettre pour toi.

L'Ogrelet sort une lettre de sa poche et la tend à sa mère.

MÈRE DE L'OGRELET.- *(lisant)* « Pour Anne ». Où as-tu trouvé cette lettre ?

Elle cache la lettre sous son châle.

L'OGRELET.- Dans le bouquet d'hier.

MÈRE DE L'OGRELET.- De quoi parles-tu, Simon ?

L'OGRELET.- Le premier matin, des pas sur le toit nous ont réveillés. Paméla et moi, on a eu peur. Quelqu'un... avait trouvé notre cachette. On a eu plus peur encore quand on a entendu qu'une chose était lancée par la cheminée. C'était des roses blanches.

MÈRE DE L'OGRELET.- Blanches et odorantes ?

L'OGRELET.- Tous les jours, les pas nous réveillaient et tous les jours nous recevions un bouquet frais.
Paméla mettait les fleurs sur la table et je m'asseyais en face d'elle, les fleurs entre nous deux.
Quand le goût du sang me montait dans les veines, Paméla le savait tout de suite dans mon regard et elle poussait les roses juste sous mon nez.
Le goût fondait comme par miracle.
Tu peux lire ta lettre tranquille, je vais me laver et m'habiller pour le repas...

Restée seule, la mère ouvre la lettre.

MÈRE DE L'OGRELET.– « Chère Anne,
Depuis sept ans, je vis dans la forêt avec les loups en bonne amitié. Nous nous aidons à supporter le froid et la faim et nous nous surveillons mutuellement. Je peux t'assurer que ce ne sont pas les loups qui empêchent les enfants d'aller à l'école.
J'ai appris à connaître et à aimer les loups pendant la deuxième épreuve que j'ai réussie... tout comme j'avais réussi la première.
J'ai hésité longtemps avant d'entreprendre la troisième épreuve. Notre petit garçon est né et j'hésitais de plus en plus.
Je venais le regarder grandir de loin.
Je bêchais ton jardin, la nuit quand tu dormais, et je l'arrosais les semaines de grande sécheresse.
L'hésitation est devenue une habitude et je n'ai pas eu le courage de tenter la troisième épreuve.
J'ai appris beaucoup de notre petit. Il a réussi à vaincre l'ogreté quand moi je n'y croyais plus.
Une prochaine pleine lune, j'essaierai moi aussi.
Je me sens prêt.
À bientôt, Simon. »

L'Ogrelet revient habillé de propre. Il porte sur son chapeau le coq en bois qu'il a sculpté et au cou un étrange pendentif.

Comme tu t'es mis beau !

L'OGRELET.- Toi aussi tu dois te mettre belle, car c'est la première fois que nous sortons ensemble. Dépêche-toi, maman, les parents de Paméla nous attendent pour la boucherie[1] et c'est une grande fête au village.

MÈRE DE L'OGRELET.- Je me dépêche, Simon. J'ai perdu depuis longtemps l'habitude des heures devant le miroir.

La mère remarque le pendentif de l'Ogrelet.

Qu'est-ce que tu portes au cou ?

L'OGRELET.- Pour occuper nos mains et nos esprits, Paméla et moi, on modelait des petits orteils avec la cire des chandelles. Je t'attends, maman.

La mère de l'Ogrelet sort.

L'orteil de Paméla, le vrai, je l'ai croqué, mais je ne l'ai pas avalé. Je le garde dans ma poche avec la petite goutte de sang séché qui ne veut pas partir.

1. À l'automne, dans chaque maison québécoise, on « faisait (la) boucherie », c'est-à-dire qu'on tuait le cochon. Tout le village prêtait main-forte. C'était chaque fois l'occasion d'une vraie fête populaire, et chacun repartait avec sa part du cochon.

SUZANNE LEBEAU

Suzanne Lebeau se destine d'abord à une carrière d'actrice. Mais, après avoir fondé le Carrousel avec Gervais Gaudreault en 1975, elle délaisse peu à peu l'interprétation pour se consacrer exclusivement à l'écriture. Aujourd'hui, elle a vingt-sept pièces originales, trois adaptations et plusieurs traductions à son actif et est reconnue internationalement comme l'un des chefs de file de la dramaturgie pour jeunes publics. Elle compte parmi les auteurs québécois les plus joués à travers le monde, avec plus de cent quarante productions répertoriées sur tous les continents. Ses œuvres sont publiées et traduites en vingt langues : notamment *Une lune entre deux maisons*, la première pièce canadienne écrite spécifiquement pour la petite enfance, *L'Ogrelet* et *Le bruit des os qui craquent*, traduites respectivement en six, onze et sept langues.
La contribution exceptionnelle de Suzanne Lebeau à l'épanouissement de la dramaturgie pour jeunes publics lui a valu de nombreux prix et distinctions, dont le prix littéraire du Gouverneur général 2009, catégorie théâtre, le prix Sony-Labou-Tansi des lycéens 2009 et le prix des Journées de Lyon des auteurs de théâtre 2007 pour *Le bruit des os qui craquent*, une pièce créée par le Carrousel et le Théâtre d'Aujourd'hui en 2009 et de nouveau

portée à la scène par la Comédie-Française en 2010. Dès 1998, l'Assemblée internationale des parlementaires de langue française lui attribue le grade de chevalier de l'ordre de la Pléiade pour l'ensemble de son œuvre et, en 2010, le gouvernement du Québec lui décerne le prix Athanase-David, la plus prestigieuse récompense de carrière remise à un écrivain québécois. Elle reçoit en 2012 le prix hommage de Cinars et en 2013 celui de Rideau ainsi que le prix Gascon-Thomas décerné par l'École nationale de théâtre du Canada (ÉNT) pour son apport exceptionnel à l'épanouissement du théâtre. En 2015, elle reçoit pour l'ensemble de son œuvre jeunesse le prix de la Belle Saison organisé par le Centre national du théâtre. En 2016, elle se voit décerner la plus haute distinction accordée dans le domaine des arts au Canada, le prix réalisation artistique du Gouverneur général pour les arts du spectacle catégorie théâtre.

Pédagogue d'expérience, Suzanne Lebeau a enseigné l'écriture pour jeunes publics à l'ÉNT pendant treize ans et elle joue le rôle de conseillère auprès des jeunes auteurs de différents pays, contribuant ainsi à l'émergence de nouvelles écritures. Elle donne régulièrement des conférences et mène des ateliers dans de nombreux pays.

MOT DE L'AUTEURE

En fond de scène, j'ai dessiné une forêt,
dans toutes les nuances du jour et de la nuit,
du vert au noir,
et du noir au vert.
La forêt pour le mystère, le bruit du vent
et le loup,
qui s'est inscrit dans notre mémoire comme l'ennemi.

J'ai tracé en rouge, à grands traits,
les désirs du fils d'un ogre
qui, à six ans,
a connu l'école et le mot « père ».

J'ai laissé la fin s'imposer d'elle-même,
dans toutes les couleurs de l'arc-en-ciel.
Une éclaircie dans la forêt,
une trêve avec soi-même et avec le monde…
Car si *L'Ogrelet* est un conte moderne,
il puise dans la tradition ses métaphores.

L'Ogrelet, avec ses six ans,
sa force extraordinaire et sa terrible hérédité,
nous réconcilie avec ce que nous avons
de meilleur et de pire.

Suzanne Lebeau

TABLE DES MATIÈRES

THEATRALES II JEUNESSE

Marine AURIOL

Zig et More [À partir de 12 ans / 5 hommes, 1 garçon]

Marie BERNANOCE

Loulous [À partir de 9 ans / 2 garçons, 1 femme, 1 homme, 1 chœur]

Hervé BLUTSCH

Méhari et Adrien suivi de *Gzion* [À partir de 12 ans / 1 fille, 1 garçon – 3 hommes]

Le Syndrome de Gaspard et autres *Petites Enquêtes sur la vie des gens* [À partir de 10 ans / 2 femmes, 3 hommes, 1 fille 9 textes courts pour 3 à 5 acteurs]

Henri BORNSTEIN

Frère et Sœur [À partir de 12 ans / 1 jeune fille, 1 jeune homme]

Mersa Alam [À partir de 12 ans / 1 jeune fille]

Moi, Arcan [À partir de 10 ans / 1 jeune fille, 2 jeunes hommes, 2 femmes, 2 hommes]

Prince Lepetit [À partir de 9 ans / 1 garçon, 1 femme, 1 homme, 1 lapin]

Michel Marc BOUCHARD

Histoire de l'oie [À partir de 8 ans / 1 homme, 1 garçon, 1 marionnette]

Jean CAGNARD

À demain [À partir de 4 ans / 2 ou 3 conteurs et des marionnettes]

L'Entonnoir [À partir de 10 ans / 5 femmes, 6 hommes]

Jean-Pierre CANNET

La Petite Danube [À partir de 12 ans / 1 femme, 5 hommes, 1 fille]

Antonio CARMONA

Maman a choisi la décapotable [À partir de 8 ans / 1 femme, 2 filles]

Bruno CASTAN

Belle des eaux [À partir de 10 ans / 2 femmes, 5 hommes, 3 jeunes filles, 1 jeune homme]

Coup de bleu [À partir de 8 ans / 3 femmes, 6 hommes, 2 jeunes filles]
L'Enfant sauvage [À partir de 9 ans / 1 femme, 3 hommes, 1 garçon]
La Fille aux oiseaux [À partir de 9 ans / de 6 à 24 personnages]
Neige écarlate [À partir de 10 ans / de 4 à 30 personnages]

Gérald CHEVROLET

Miche et Drate, paroles blanches [À partir de 8 ans / 2 personnages]
Quelquefois j'ai simplement envie d'être ici : théâtrogammes [À partir de 10 ans / de 1 à 7 acteurs et plus]

COLLECTIFS

Court au théâtre 1 (8 petites pièces pour enfants)
Court au théâtre 2 (5 petites pièces pour enfants)
Court au théâtre 3 (3 portraits de la jeunesse)
Divers-cités (14 pièces pour la pratique artistique en 5'55'')
Divers-cités 2 (10 pièces pour la pratique artistique en 5'55'')
Engagements (3 petites pièces pour enfants)
Nouvelles mythologies de la jeunesse (9 pièces à lire, à jouer)
Petites pièces mexicaines
Si j'étais grand (3 pièces à lire, à jouer)
Si j'étais grand 2 (3 pièces à lire, à jouer)
Si j'étais grand 3 (2 pièces à lire, à jouer)
Si j'étais grand 4 (3 pièces à lire, à jouer)
Si j'étais grand 5 (2 pièces à lire, à jouer)
Théâtre en court 1 (12 petites pièces pour adolescents)
Théâtre en court 2 (3 pièces à lire, à jouer)
Théâtre en court 3 (4 pièces à lire, à jouer)
Théâtre en court 4 (6 petites pièces pour adolescents)

Adrien CORNAGGIA

Gaby et les Garçons [À partir de 10 ans / 1 fille, 2 garçons]

Françoise du CHAXEL

L'Été des mangeurs d'étoiles [À partir de 14 ans / 8 filles, 6 garçons]
Geb et Nout, enfants de la Lune / La Revanche des coquelicots [À partir de 9 ans / 2 personnages / 3 femmes, 1 groupe d'enfants]

La Terre qui ne voulait plus tourner / Autrefois, aujourd'hui, demain [À partir de 8 ans / à jouer à 10 ou plus]

David GREIG

Lune jaune [À partir de 14 ans / 1 adolescente, 1 adolescent, 1 femme, 2 hommes et 1 chœur]

Matt HARTLEY

L'Abeille [À partir de 12 ans / 2 femmes, 3 hommes, 3 adolescentes, 3 adolescents, 1 chœur]

Thomas HOWALT

Le Secret [À partir de 12 ans / 2 adolescentes, 1 garçon, 1 homme]

Stéphane JAUBERTIE

Jojo au bord du monde [À partir de 12 ans / 3 femmes, 8 hommes, 1 garçon]

Laughton [À partir de 12 ans / 1 femme, 2 hommes, 1 fille, 1 garçon]

Létée [À partir de 8 ans / 1 femme, 2 hommes, 1 fille, 1 garçon]

Livère [À partir de 12 ans / 1 fille, 1 garçon, 2 voix]

Un chien dans la tête [À partir de 8 ans / 1 fille, 2 garçons, 1 voix de femme]

Une chenille dans le cœur [À partir de 9 ans / 1 femme, 1 homme, 1 jeune fille]

Yaël Tautavel ou l'Enfance de l'art [À partir de 10 ans / 1 femme, 2 hommes, 2 garçons, 1 fille]

Sébastien JOANNIEZ

Stroboscopie [À partir de 12 ans / 1 fille, 1 garçon, ou 1 chœur]

Daniel KEENE

L'Apprenti [À partir de 10 ans / 1 homme, 1 garçon]

Suzanne LEBEAU

Contes d'enfants réels [À partir de 8 ans / à jouer à 2 ou plus]

Gretel et Hansel [À partir de 8 ans / 1 fille, 1 garçon]

Le bruit des os qui craquent [À partir de 14 ans / 1 femme, 1 jeune fille, 1 garçon]

L'Ogrelet [À partir de 8 ans / 1 femme, 1 garçon]
Petite fille dans le noir [À partir de 12 ans / 1 fille, 2 adolescentes, 2 femmes, 1 homme, 1 voix]
Petit Pierre [À partir de 9 ans / 2 femmes, 1 garçon]
Salvador (La montagne, l'enfant et la mangue) [À partir de 8 ans / 3 femmes, 4 hommes, 3 filles, 2 garçons]
Souliers de sable [À partir de 4 ans / à jouer à 2 ou plus]
Trois petites sœurs [À partir de 10 ans / 1 femme, 1 homme, 3 filles]
Une lune entre deux maisons [À partir de 3 ans / 2 personnages]

Yves LEBEAU

C'est toi qui dis, c'est toi qui l'es (tomes 1 et 2) [À partir de 8 ans / 1 femme, 2 hommes, 1 fille, 1 garçon]
Du temps que les arbres parlaient [À partir de 10 ans / 1 arbre, 1 garçon]

Sylvain LEVEY

Alice pour le moment [À partir de 10 ans / 1 femme, 4 hommes, 2 adolescentes, 2 adolescents, 2 enfants]
Arsène et Coquelicot [À partir de 7 ans / 1 fille, 1 garçon, 1 femme, 1 homme, 1 à 3 chœurs]
Cent culottes et sans papiers [À partir de 10 ans / à jouer seul ou à plusieurs]
Costa le Rouge [À partir de 8 ans / 1 femme, 2 hommes, 1 garçon]
Folkestone [À partir de 12 ans / 1 adolescente, 1 adolescent]
Lys Martagon [À partir de 12 ans / 1 adolescente, 1 adolescent, 1 femme, 1 chœur]
Michelle (doit-on t'en vouloir d'avoir fait un selfie à Auchwitz ?) [À partir de 13 ans / 4 femmes, 5 hommes, 3 adolescentes, 2 adolescents, une vingtaine d'utilisateurs des réseaux sociaux]
Ouasmok ? [À partir de 10 ans / 1 fille, 1 garçon]

Carlos LISCANO

Ma famille [À partir de 14 ans / à jouer à 4 ou plus]

Manon ONA

Kesta [À partir de 12 ans / 2 filles ou 2 garçons, 1 homme]

Suzanne OSTEN et Per LYSANDER

Les Enfants de Médée [À partir de 8 ans / 2 femmes, 1 homme, 1 fille, 1 garçon]

Dominique PAQUET

Les escargots vont au ciel (Rêverie) [À partir de 8 ans / 1 femme, 2 hommes, 1 fille]

Son parfum d'avalanche [À partir de 5 ans / 1 fille, 2 garçons, 4 adultes-objets]

Sabryna PIERRE

Sara [À partir de 8 ans / 7 filles, 4 voix, 1 rat]

Françoise PILLET

Molène [À partir de 8 ans / 1 femme, 1 fille, 1 garçon]

L'Odeur du papier mâché [À partir de 10 ans / 1 jeune fille, 1 jeune homme, 1 homme]

Françoise PILLET et Joël da SILVA

Émile et Angèle, correspondance [À partir de 10 ans / 1 fille, 1 garçon]

Evan PLACEY

Ces filles-là [À partir de 14 ans / 1 chœur d'adolescentes]

Holloway Jones [À partir de 12 ans / 2 à 4 adolescentes, 1 adolescent, 1 femme, 2 à 5 hommes]

Dominique RICHARD

Les Cahiers de Rémi [À partir de 10 ans / 8 adolescents, 5 femmes, 3 hommes]

Les Discours de Rosemarie [À partir de 10 ans / 1 fille, 1 garçon]

L'Enfant aux cheveux blancs [À partir de 12 ans / 4 garçons, 1 adolescente, 1 adolescent, 1 femme, 1 homme, 1 choeur d'enfants et d'adultes]

Le Garçon de passage [À partir de 12 ans / 1 fille, 2 garçons]

Hubert au miroir [À partir de 10 ans / 1 garçon, de 1 à 4 hommes]
Le Journal de Grosse Patate [À partir de 8 ans / 1 fille, 1 homme]
Les Saisons de Rosemarie [À partir de 10 ans / 1 fille, 1 garçon, 1 homme]

Sandrine ROCHE

Ravie [À partir de 10 ans / 1 homme, 7 chèvres, des chamois, 1 loup]

Lana ŠARIC

Le Gratte-Ciel [À partir de 12 ans / 1 garçon, 1 jeune fille, 2 jeunes hommes, 1 homme, 1 voix]

Karin SERRES

Un tigre dans le crâne [À partir de 9 ans / 2 femmes, 1 homme, 1 fille]

Roland SHÖN

Les Ananimots suivi de *Grigris* [À partir de 6 et 12 ans / 1 ou plusieurs conteurs – 2 hommes]

Sabine TAMISIER

Anatole et Alma suivi de *L'Histoire d'Anna* [À partir de 10 ans / 1 fille, 1 garçon / 2 filles, 1 femme, 1 homme, 3 choeurs]

Karl VALENTIN

Sketches [À partir de 9 ans / 14 sketches de 1 et 2 personnages]
Au théâtre [À partir de 11 ans / 5 sketches de 2 à 6 personnages]

Catherine VERLAGUET

Entre eux deux [À partir de 14 ans / 1 adolescente, 1 adolescent]
Petits points de vie (4 pièces courtes pour petits) [À partir de 3 ans / de 2 à 20 personnages]
Les Vilains Petits [À partir de 8 ans / 1 fille, 3 garçons, 1 voix]

Naomi WALLACE

Au pont de Pope Lick [À partir de 14 ans / 1 femme, 2 hommes, 1 adolescente, 1 adolescent]

Achevé de réimprimer en France sur papier issu de la
gestion durable des forêts (certifié PEFC)
en novembre 2018 sur les presses de Corlet Imprimeur
à Condé-en-Normandie (14) labellisé Imprim'Vert®.
N° d'imprimeur : 201241

Composition et maquette : Concordance(s), Meaux (77).

Dépôt légal : octobre 2003.